SABRINA SUE DANIELS

Kochen mit
JACKFRUIT

W0074813

SABRINA SUE DANIELS

Kochen mit JACKFRUIT

35 VEGETARISCHE UND VEGANE REZEPTE

Bibliografische Information der Deutschen Nationalbibliothek
Die Deutsche Nationalbibliothek verzeichnet diese Publikation in der Deutschen Nationalbibliografie. Detaillierte bibliografische Daten sind im Internet über http://d-nb.de abrufbar.

Für Fragen und Anregungen
info@rivaverlag.de

Originalausgabe
1. Auflage 2018
© 2018 by riva Verlag, ein Imprint der Münchner Verlagsgruppe GmbH
Nymphenburger Straße 86
D-80636 München
Tel.: 089 651285-0
Fax: 089 652096

Redaktion: Eva Siegmund
Umschlaggestaltung: Laura Osswald
Umschlagabbildungen und Abbildungen im Innenteil: Sabrina Sue Daniels; Rückseite (Bild 3): Ladda Tonglo
Satz: inpunkt[w]o, Haiger (www.inpunktwo.de)
Druck: Florjancic Tisk d.o.o., Slowenien
Printed in the EU

ISBN Print 978-3-7423-0702-6
ISBN E-Book (PDF) 978-3-7453-0287-5
ISBN E-Book (EPUB, Mobi) 978-3-7453-0288-2

Weitere Informationen zum Verlag finden Sie unter

www.rivaverlag.de

Beachten Sie auch unsere weiteren Verlage unter www.m-vg.de

INHALT

7 ASIATISCHES SUPEROBST WIRD
ZUM LECKEREN FLEISCHERSATZ

9 HIMMLISCH-SÜSSE LECKEREIEN

10 BASILIKUM-JACKFRUIT-APRIKOSENTÖRTCHEN
(VEGAN)
13 JACKFRUIT-CUPCAKES (VEGETARISCH)
14 PISTAZIEN-JACKFRUIT-EISCREME (VEGETARISCH)
17 SPINAT-JACKFRUIT-SMOOTHIE (VEGAN)
18 JACKFRUIT-FRÜHSTÜCKSWAFFELN (VEGAN)
20 JACKFRUIT-COOKIE-TRIFLE (VEGETARISCH)

21 KÖSTLICH INTERNATIONAL

22 JACKFRUIT-EMPANADA (VEGETARISCH)
25 MISO-JACKFRUIT-SUPPE (VEGETARISCH)
26 PHILLY-BREAKFAST-SANDWICH (VEGETARISCH)
29 TORTILLA-CHIPS MIT PULLED CHICKEN
(VEGETARISCH)
30 VIETNAMESISCHER PHO-TRON-SALAT
MIT JACKFRUIT (VEGETARISCH)
33 JACKFRUIT-GYROS MIT SÜSSKARTOFFELSPALTEN
UND TSATSIKI (VEGETARISCH)
34 JACKFRUIT-TIKKA-MASALA (VEGAN)
36 JACKFRUIT-TERIYAKI (VEGAN)

37   STREETFOOD

38   PULLED-BBQ-JACKFRUIT-BURGER(VEGAN)

41   AVOCADO-JACKFRUIT-WRAPS (VEGETARISCH)

42   CHILI-CHEESE-DOGS (VEGETARISCH)

45   GEBRATENER REIS MIT JACKFRUIT UND PAK CHOI
      (VEGETARISCH)

46   JACKFRUIT-SOMMERROLLEN MIT ERDNUSS-DIP
      (VEGETARISCH)

49   LAUWARMER ZUCCHINI-KIWI-SALAT (VEGAN)

50   KÜRBIS-NAAN-PIZZA (VEGETARISCH)

53   JACKFRUIT-AVOCADO-BAGEL
      MIT HONIG-SENF-DIP (VEGETARISCH)

54   AVOCADO-JACKFRUIT-SALAT (VEGETARISCH)

55   KLASSIKER NEU INTERPRETIERT

56   BUNTER COUSCOUS-GURKEN-SALAT
      (VEGETARISCH)

59   KARTOFFEL-GURKEN-SALAT (VEGETARISCH)

60   ZUCCHINI-JACKFRUIT-SPIESSE MIT KRAUTSALAT
      (VEGETARISCH)

63   SÜSS-SAUER EINGELEGTES JACKFRUITGEMÜSE
      (VEGAN)

64   SCHNELLE ASIA-SUPPE (VEGAN)

67   MEDITERRANE THUNVISCHCREME (VEGETARISCH)

68   MANGOLDROULADEN (VEGETARISCH)

71   KÜRBIS-DINKELTOPF MIT JACKFRUIT (VEGAN)

72   JACKFRUIT-GULASCH (VEGAN)

75   JACKFRUIT-GESCHNETZELTES MIT
      BREZELKNÖDELN (VEGETARISCH)

76   GEFÜLLTE ZUCCHINI MIT COUSCOUS
      (VEGETARISCH)

79   PIMIENTOS DE PADRÓN MIT TOMATENSOSSE
      (VEGAN)

ASIATISCHES SUPEROBST WIRD ZUM LECKEREN FLEISCHERSATZ

Jackfruit, die asiatische Superfrucht, die selbst eingefleischte Skeptiker übers Ohr haut, wird zum fleischlosen Superstar.

Jackfruit, auch Jakobsfrucht genannt, ist die Frucht des Jackfruitbaums und gehört zu der Familie der Maulbeergewächse.

In Asien schon lange beliebt und beheimatet, werden die außerirdisch wirkenden Früchte bis zu 15 kg schwer.

Kein Wunder, dass sie damit zu den größten Baumfrüchten der Welt zählen.

Ihre Schale ist mit grün-braunen, stacheligen Noppen übersät, die der Frucht ihr typisches Aussehen verleihen.

Anders als bei vielen anderen Obstsorten ist gerade die unreife, grüne Jackfruit ein absoluter Star, der es bereits im Internet an die Spitze der Fleischersatzprodukte geschafft hat.

Bei Vegetariern und Veganern erfreut sich die Jackfruit demnach großer Beliebtheit.

Das liegt wohl hauptsächlich an dem faserigen Fruchtfleisch, das nach der Zubereitung Hühnchenfleisch zum Verwechseln ähnlich sieht.

Da der Geschmack der unreifen Jackfruit sehr neutral ist, können sich hier Gewürzfans austoben und nach Lust und Laune experimentieren.

Der Kreativität sind hierbei keine Grenzen gesetzt. Egal ob gewürzt, mariniert oder eingelegt – die Jackfruit ist ein kulinarischer Allrounder und eignet sich für die Zubereitung fast jeden Gerichts.

Die reifen Früchte zeichnen sich durch ihr gelbes Fruchtfleisch und ihren intensivsüßlichen Geschmack aus, der zeitweise an eine Mischung von Ananas, Papaya, Banane und Mango erinnert.

Daher sind sie besonders für die Zubereitung von Süßspeisen oder Jackfruit-Chips geeignet.

WO KANN ICH JACKFRUIT KAUFEN?

Jackfruitfleisch gibt es mittlerweile in allen erdenklichen Varianten zu kaufen.

Im Asia-Laden kann man meist das junge, grüne Fruchtfleisch in Dosen erwerben. In Salzlake eingelegt und erhitzt, sind die Stücke bis zu mehreren Jahren haltbar.

In Salzlake eingelegte Jackfruit sollte vor der Zubereitung abgetropft und angebraten oder gekocht werden, um die typische faserige Konsistenz zu erhalten.

Auch reife Jackfruit gibt es im Asia-Markt zu kaufen, entweder als Dosenprodukt, in Sirup eingelegt, oder als frische Frucht – praktisch und zum sofortigen Verzehr vorbereitet.

Für den schnellen Jackfruit-Genuss findet man die Superfrucht in jedem gut sortierten Supermarkt, aber auch in Drogerien und im Internet.

Im Beutel abgepackt und verschweißt, ist das Fruchtfleisch in den Varianten natur, mariniert oder mit verschiedenen Soßen erhältlich. Diese Produkte sind bereits küchenfertig vorbereitet.

Für dieses Buch wurden die Jackfruit-Varianten verwendet, die Sie unten auf dem Bild sehen.

JACKFRUIT – AUF DIE INNEREN WERTE KOMMT ES AN!

Jackfruit ist eine sehr stärkehaltige Frucht, deren Wassergehalt mit zunehmendem Reifegrad abnimmt, während der Kohlenhydratgehalt steigt.

Im Gegensatz zu den reifen Früchten enthält die unreife Jackfruit kaum Zucker und ist deshalb sehr neutral im Geschmack.

Die Jackfruit enthält kaum Fett, weniger als 0,1 g pro 100 g.

Im Vergleich zu anderen Früchten enthält die Jackfruit sehr viel Calcium, ein Apfel z. B. liefert 10 mg, während die unreife Jackfruit mit 50 mg pro 100 g punkten kann.

Die Frucht ist nicht nur glutenfrei, sondern auch ein wahrer Ballaststoff-lieferant. Schon 100 g Jackfruit liefern 9,5 g Ballaststoffe, also knapp 30 % des empfohlenen Tagesbedarfs.

reife Jackfruit in Sirup eingelegt (Dose)

Jackfruitfleisch, natur (Beutel)

junge, grüne Jackfruit in Salzlake eingelegt (Dose)

HIMMLISCH-SÜSSE LECKEREIEN

BASILIKUM-JACKFRUIT-APRIKOSENTÖRTCHEN

VEGAN

FÜR 4 TÖRTCHEN
ZUBEREITUNGSZEIT: 25 MINUTEN • BACKZEIT: 20 MINUTEN • KÜHLZEIT: 30 MINUTEN

ZUTATEN:

275 g Dinkelvollkorn-mehl
100 g Rohrzucker
1 Prise Salz
130 g feste Margarine
50 ml Cashewdrink
1 Zweig Buschbasilikum
150 g Aprikosen
150 g reife Jackfruit (Dose)
2 EL Orangensaft
Mark von 1 Vanille-schote
25 g Cashewnüsse

1. 200 g Dinkelvollkornmehl mit 75 g Rohrzucker, Salz, 90 g Margarine und dem Cashewdrink in eine Schüssel geben und zu einem glatten Teig verkneten. Den Teig in Frischhaltefolie wickeln und für 30 Minuten im Kühlschrank lagern.

2. In der Zwischenzeit den Zweig Buschbasilikum waschen, trocken schleudern, die Blättchen abzupfen und fein hacken. Die Aprikosen waschen, halbieren und entsteinen. Mit Jackfruit, Orangensaft, Buschbasilikum und Vanillemark in einen Topf geben und bei geschlossenem Deckel 3–5 Minuten weich köcheln.

3. Backofen auf 180 °C Ober-/Unterhitze vorheizen und 4 Mini-Törtchenformen ø12 cm mit Margarine einfetten. Cashewnüsse grob hacken und zusammen mit dem restlichen Dinkelvollkornmehl (75 g), Rohrzucker (25 g) und Margarine (40 g) in eine Schüssel geben und zu Streuseln verkneten. Teig aus dem Kühlschrank nehmen, vierteln und jeden Teigling auf einer bemehlten Arbeitsfläche ausrollen. Den Teig in die Förmchen drücken und das Fruchtmus darin verteilen. Abschließend mit den Streuseln bestreuen und im heißen Backofen 18–20 Minuten goldbraun backen. Nach dem Backen auf einem Kuchenrost auskühlen lassen und genießen.

Die Fruchttörtchen schmecken auch ganz hervorragend mit einer Kugel Eiscreme.

JACKFRUIT-CUPCAKES

VEGETARISCH

FÜR 12 CUPCAKES
ZUBEREITUNGSZEIT: 25 MINUTEN • BACKZEIT: 20 MINUTEN

ZUTATEN:

- 200 g reife Jackfruit (Dose)
- 4 EL Orangensaft
- 100 g weiche Butter
- 125 g Rohrzucker
- 1 Prise Salz
- Mark von 1 Vanilleschote
- 2 Eier (Größe M)
- 125 g Dinkelmehl (Type 630)
- 2 TL Backpulver
- 300 g Frischkäse
- 100 g weiße Schokolade
- 3 Aprikosen
- Minze
- essbare Blüten

1. Backofen auf 180 °C Ober-/Unterhitze vorheizen und ein Muffinblech mit Papierförmchen auslegen. Jackfruit und Orangensaft in einen kleinen Topf geben und zum Köcheln bringen. Auf kleiner Flamme 5–8 Minuten weich kochen. Mit einem Pürierstab fein pürieren und im Kühlschrank kalt stellen.

2. In einer Rührschüssel Butter, Rohrzucker, Salz und Vanillemark cremig rühren. Eier nach und nach unterrühren. Dinkelmehl und Backpulver miteinander vermischen, zum Ei-Gemisch geben und zu einem geschmeidigen Teig verarbeiten. Teig in die vorbereiten Förmchen füllen und im heißen Backofen 15–20 Minuten goldbraun backen. Anschließend auf einem Kuchenrost vollständig auskühlen lassen.

3. In der Zwischenzeit Frischkäse cremig aufschlagen. Weiße Schokolade grob hacken und über einem Wasserbad schmelzen. Die Schokolade etwas auskühlen lassen und mit dem Frischkäse vermischen. Creme in einen Spritzbeutel mit mittelgroßer Öffnung füllen und Tuffs auf die Muffins spritzen.

4. Aprikosen waschen, trocknen, entsteinen und vierteln. Die Cupcakes mit Aprikosen, Minze und essbaren Blüten dekorieren und genießen.

Wer dunkle Schokolade bevorzugt, kann die Creme statt mit weißer Schokolade mit 100 g Vollmilchschokolade herstellen.

PISTAZIEN-JACKFRUIT-EISCREME

VEGETARISCH

FÜR 4 PERSONEN
ZUBEREITUNGSZEIT: 15 MINUTEN • KÜHLZEIT: 4 STUNDEN

ZUTATEN:

125 g reife Jackfruit,
    abgetropft (Dose)
250 ml Schlagsahne
100 g gezuckerte
    Kondensmilch
50 g Pistazien
optional: Eiswaffeln

1. Jackfruit mit einem Stabmixer fein pürieren und zur Seite stellen. Schlagsahne in eine hohe Rührschüssel geben und steif schlagen. Kondensmilch und Jackfruit-mus vorsichtig unter die Schlagsahne heben. Die Masse in eine mit Frischhaltefolie ausgelegte Kastenform umfüllen, glatt streichen und mit den gehackten Pistazien bestreuen.

2. Die Eismasse im Gefrierfach mindestens 4 Stunden frosten. 10 Minuten vor dem Verzehr aus dem Gefrierschrank nehmen.

3. Das Eis in einer Eiswaffel oder einer Schüssel servieren und genießen.

Für einen veganen Eisgenuss 4 Bananen schälen, grob würfeln und für 4 Stunden einfrieren. Jackfruit fein pürieren. Jackfruitmus mit 1 gehäuften Esslöffel Cashewmus und den gefrorenen Bananen in eine hohe Rührschüssel geben, zu einer cremigen Masse pürieren und sofort genießen.

SPINAT-JACKFRUIT-SMOOTHIE

VEGAN

FÜR 2 PERSONEN
ZUBEREITUNGSZEIT: 10 MINUTEN

ZUTATEN:

20 g Blattspinat
230 g reife Jackfruit, abgetropft (Dose)
250 ml Birkenwasser oder Mineralwasser
1 Handvoll Eiswürfel

1. Blattspinat verlesen, waschen und trocken schleudern.

2. Jackfruit, Birkenwasser, Blattspinat und Eiswürfel in einen Standmixer geben und fein pürieren.

3. Smoothie auf zwei Gläser verteilen und sofort genießen.

Der Geschmack von reifer Jackfruit erinnert an einen Mix aus Ananas und Banane, daher eignet sie sich auch ganz hervorragend für andere Frucht-Gemüse-Kombinationen.

JACKFRUIT-FRÜHSTÜCKSWAFFELN

FÜR 2–3 PERSONEN
ZUBEREITUNGSZEIT: 35 MINUTEN

ZUTATEN:

150 g reife Jackfruit, abgetropft (Dose)
50 ml Rapsöl
1 EL Rohrzucker
150 g Dinkelmehl (Type 630)
1 Prise Salz
1 TL Backpulver
225 ml Mandeldrink

optional:
Ahornsirup
frische Früchte

1. Jackfruit mit Rapsöl und Rohrzucker fein pürieren. Dinkelmehl, Salz und Backpulver vermischen. Mit Mandeldrink unter das Jackfruitpüree rühren, bis ein geschmeidiger Teig entsteht.

2. Waffeleisen erhitzen und nacheinander goldbraune Waffeln backen.

3. Jackfruit-Waffeln optional mit Ahornsirup und frischen Früchten wie Erdbeeren oder Heidelbeeren genießen.

Meine Jackfruit-Waffeln schmecken auch ganz hervorragend mit Nusscreme und Bananenscheiben.

JACKFRUIT-COOKIE-TRIFLE

VEGETARISCH

FÜR 4 PERSONEN
ZUBEREITUNGSZEIT: 20 MINUTEN • KÜHLZEIT: 60 MINUTEN

ZUTATEN:

- 200 g reife Jackfruit (Dose)
- 125 ml Orangensaft
- ½ TL Zimt
- Mark von 1 Vanilleschote
- 200 g Chocolate Chip Cookies
- 500 g Sahnequark
- 100 g Ahornsirup
- 3 EL Kokoschips

1. Jackfruit grob hacken und zusammen mit Orangensaft, Zimt und Vanilleschote in einen Topf geben. Bei mittlerer Temperatur 5–7 Minuten weich kochen. Anschließend fein pürieren und auskühlen lassen.

2. In der Zwischenzeit die Chocolate Chip Cookies in einen Gefrierbeutel geben und mit einem Nudelholz zerkrümeln. Kekskrümel auf 4 Gläser verteilen und zur Seite stellen.

3. Sahnequark und Ahornsirup cremig rühren. Abwechselnd mit dem Jackfruitpüree in die Gläser schichten. Jackfruit-Trifle für mindestens 1 Stunde im Kühlschrank kalt stellen. Zum Servieren das Dessert mit Kokoschips bestreuen und genießen.

Statt Kekskrümeln können auch Kuchenreste verwendet werden.

KÖSTLICH

INTERNATIONAL

JACKFRUIT-EMPANADA

VEGETARISCH

FÜR 12–14 STÜCK
ZUBEREITUNGSZEIT: 45 MINUTEN • BACKZEIT: 18 MINUTEN

ZUTATEN:

250 g Weizenmehl (Type 405)
50 g kalte Butter
½ TL Salz
100 ml Wasser
200 g Jackfruitfleisch, natur
1 Zwiebel
1 Knoblauchzehe
½ Bund Schnittlauch
2 EL Rapsöl
125 g TK-Erbsen
75 g Fetakäse
2 EL Ajvar
Salz, Pfeffer
1 Eigelb
2 EL Milch
jeweils 1 TL Schwarzkümmel und Sesam

1. Weizenmehl, Butter, Salz und Wasser in eine Schüssel geben und zu einem geschmeidigen Teig verkneten. In Frischhaltefolie wickeln und im Kühlschrank kalt stellen.

2. In der Zwischenzeit das Jackfruitfleisch mit einer Gabel zerzupfen. Zwiebel und Knoblauch schälen und fein hacken. Schnittlauch waschen, trocknen und fein hacken. Rapsöl in einer Pfanne erhitzen, Zwiebel- und Knoblauchwürfel hinzugeben und kurz andünsten. Anschließend das Jackfruitfleisch und die Erbsen hinzugeben und 3 Minuten auf mittlerer Hitze anbraten. Pfanne vom Herd nehmen. Fetakäse mit den Händen zerkrümeln. Ajvar, zerkleinerten Fetakäse und Schnittlauch hinzugeben. Mit Salz und Pfeffer abschmecken und zur Seite stellen. Eigelb mit Milch verquirlen.

3. Backofen auf 200 °C Ober-/Unterhitze vorheizen und ein Backblech mit Backpapier auslegen. Teig aus dem Kühlschrank nehmen und auf einer bemehlten Arbeitsfläche dünn ausrollen. Mit einem runden Ausstecher (ø 9 cm) etwa 12–14 Kreise ausstechen. Jeweils einen gut gehäuften Teelöffel Füllung in die Mitte jeden Kreises geben und die Ränder mit Eigelb einstreichen. Die Kreise zu Halbkreisen zusammenklappen. Ränder mit den Zinken einer Gabel fest andrücken. Empanadas mit Eigelb einpinseln und mit Schwarzkümmel und Sesam bestreuen.

4. Im vorgeheizten Backofen 15–18 Minuten goldbraun backen. Nach dem Backen kurz auskühlen lassen und genießen.

Dazu schmeckt ein Zitronen-Joghurt-Dip besonders gut. Hierfür ganz einfach 150 g Joghurt cremig rühren. Mit Abrieb und Saft von ½ Zitrone glatt rühren und mit Salz und Pfeffer abschmecken. Fertig ist das Dip-Vergnügen.

MISO-JACKFRUIT-SUPPE

VEGETARISCH

FÜR 2 PERSONEN
ZUBEREITUNGSZEIT: 15 MINUTEN

ZUTATEN:

200 g Udon-Nudeln
80 g Champignons
150 g Pak Choi
100 g Jackfruitfleisch, natur
1 Ei
3 EL dunkle Miso-Paste (fermentierte Würzpaste)

1. Udon-Nudeln nach Packungsanleitung garen. Champignons putzen und in Scheiben schneiden. Pak Choi waschen, trocknen, die Blätter abrupfen und klein schneiden. Jackfruitfleisch mit einer Gabel zerzupfen.

2. 400 ml Wasser zum Kochen bringen. Das Ei gut waschen und in das kochende Wasser gleiten lassen. 3,5–5 Minuten weich kochen. Mit einer Schöpfkelle herausnehmen, abschrecken, pellen und halbieren.

3. Miso-Paste in das Wasser einrühren, Champignons hinzugeben und kurz aufkochen lassen. Udon-Nudeln, Pak Choi, Jackfruit-Fleisch und Ei auf zwei Schüsseln verteilen, mit der heißen Brühe übergießen und genießen.

Du möchtest die Suppe vegan genießen? Dann einfach das Ei weglassen oder durch 100 g Tofu ersetzen.

PHILLY-BREAKFAST-SANDWICH

VEGETARISCH

FÜR 2 PERSONEN
ZUBEREITUNGSZEIT: 15 MINUTEN • BACKZEIT: 25 MINUTEN

ZUTATEN:
1 EL Rohrzucker
1 TL Chilipulver
2 TL Paprikapulver,
   geräuchert
1 TL Salz
2 TL Tabasco
4 EL Rapsöl
280 g Jackfruitfleisch,
   natur
1 Handvoll Rucola
4 Scheiben Toastbrot
2 EL Mayonnaise
2 Eier
Salz, Pfeffer

1. Backofen auf 200 °C Ober-/Unterhitze vorheizen und eine Auflaufform bereitstellen. Rohrzucker, Chilipulver, geräuchertes Paprikapulver, Salz, Tabasco und 3 EL Rapsöl miteinander vermischen. Jackfruitfleisch mit einer Gabel zerzupfen, mit der Marinade vermischen und in eine Auflaufform füllen. Im heißen Backofen 20–25 Minuten garen. Zwischendurch mit einer Gabel immer wieder umrühren.

2. Rucola waschen, trocken schleudern und in mundgerechte Stücke zupfen. Das restliche Rapsöl (1 EL) in einer Pfanne erhitzen, die Eier darin aufschlagen und goldbraun braten. Mit Salz und Pfeffer würzen.

3. In der Zwischenzeit das Toastbrot in einem Toaster goldbraun rösten. 2 Scheiben Toastbrot mit Mayonnaise bestreichen. Rucola darauf verteilen und mit dem Jackfruitfleisch belegen. Anschließend das Spiegelei darauf legen und mit einer weiteren Scheibe Toastbrot belegen.

Wer möchte, kann das Sandwich noch mit einer Scheibe Käse anrichten und genießen.

TORTILLA-CHIPS MIT PULLED CHICKEN

VEGETARISCH

FÜR 2 PERSONEN
ZUBEREITUNGSZEIT: 15 MINUTEN

ZUTATEN:

1 rote Zwiebel

1 grüne Chilischote

2 EL Rapsöl

200 g Jackfruitfleisch, natur

1 TL edelsüßes Paprikapulver

½–1 TL Chilipulver

Salz, Pfeffer

5 EL Salsa (Glas)

125 g Kidneybohnen (Abtropfgewicht)

140 g Mais (Abtropfgewicht)

180 g Tortilla-Chips

200 g Nacho-Käse (Glas)

100 g saure Sahne

1. Zwiebel schälen und in feine Ringe schneiden. Chilischote waschen, in feine Scheiben schneiden und zur Seite stellen.

2. Rapsöl in einer Pfanne erhitzen und die Zwiebeln darin andünsten. Jackfruitfleisch hinzugeben und mit der Gabel zerzupfen. Mit Paprika, Chilipulver, Salz und Pfeffer abschmecken. Salsa, Kidneybohnen und Mais hinzugeben und für 2–3 Minuten anbraten.

3. Tortilla-Chips auf einem großen Teller verteilen und das vorbereitete Jackfruitfleisch darauf verteilen. Nacho-Käse, Chilischoten und saure Sahne darauf verteilen und genießen.

Statt Nacho-Käse aus dem Glas einfach geriebenen Cheddar verwenden. Dafür die Tortilla-Chips in eine ofenfeste Form füllen, mit dem Jackfruitfleisch belegen und mit Cheddar bestreuen. Im vorgeheizten Backofen 10 Minuten bei 200 °C Ober-/Unterhitze backen. Anschließend wie oben beschrieben mit den restlichen Zutaten belegen und sofort genießen.

VIETNAMESISCHER PHO-TRON-SALAT MIT JACKFRUIT

VEGETARISCH

FÜR 2 PERSONEN
ZUBEREITUNGSZEIT: 45 MINUTEN

ZUTATEN:

Dressing:

Saft einer Limette
3 TL Sriracha (scharfe
 Chilisoße, erhältlich
 im Asia Shop)
4 EL Wasser
2 TL Rohrzucker
2 EL Sojasoße

Jackfruitsalat:

75 g Mie-Nudeln,
 instant
1 Stange Zitronengras
3 EL Sojasoße
1 TL Rohrzucker
200 g Jackfruitfleisch,
 natur
125 g TK-Edamame,
 ohne Schoten
 (erhältlich im
 Asia Shop)
100 g Romana
 Salatherzen
150 g Gurke
75 g Sojasprossen
2 Knoblauchzehen
1 rote Zwiebel
3 EL Rapsöl
2 EL Erdnüsse,
 grob gehackt

1. Alle Zutaten für das Dressing in eine Schüssel geben, vermischen und im Kühlschrank kalt stellen. Mie-Nudeln nach Packungsanleitung gar kochen, abtropfen und zur Seite stellen.

2. Zitronengras von der äußersten Schicht befreien, unteres Drittel waschen und fein hacken. Mit Sojasoße und Rohrzucker verrühren. Jackfruitfleisch mit einer Gabel zerzupfen und in der Soße marinieren. Edamame in kochendem Salzwasser 10 Minuten garen, abtropfen lassen und zur Seite stellen. Salat waschen, trocknen und in Streifen schneiden.

3. Gurke und Sojasprossen waschen. Gurke anschließend in feine Scheiben schneiden. Knoblauchzehen und Zwiebel schälen. Knoblauch fein hacken und Zwiebel in Ringe schneiden. 2 EL Rapsöl in einer Pfanne erhitzen. Knoblauch und Jackfruit hinzugeben und 2–3 Minuten auf mittlerer Temperatur anbraten.

4. Jackfruitfleisch herausnehmen und zur Seite stellen. Das restliche Rapsöl hinzugeben und die Zwiebelringe kross anbraten. Alle Zutaten für den Jackfruitsalat auf einem Teller anrichten, mit dem Dressing beträufeln und genießen.

JACKFRUIT-GYROS MIT SÜSSKARTOFFELSPALTEN UND TSATSIKI

VEGETARISCH

FÜR 2 PERSONEN
ZUBEREITUNGSZEIT: 35 MINUTEN •
ZEIT ZUM MARINIEREN: 2 STUNDEN • BACKZEIT: 35 MINUTEN

ZUTATEN:

200 g Jackfruitfleisch, natur
1 rote Zwiebel
2 Knoblauchzehen
5 EL Olivenöl
1 TL Oregano
1 TL Majoran
1 TL Thymian
1 TL Paprika, edelsüß
Salz, Pfeffer
400 g Süßkartoffeln
200 g griechischer Joghurt
50 g Landgurke

1. Jackfruitfleisch mit einer Gabel zerzupfen und in eine Schüssel geben. Zwiebel schälen und in feine Ringe schneiden. Knoblauchzehen schälen und fein hacken. Zwiebelwürfel und die Hälfte des Knoblauchs in eine kleine Schüssel geben und mit 3 EL Olivenöl und den Gewürzen verrühren und über das Jackfruitfleisch geben. Alles miteinander verrühren, mit Frischhaltefolie abdecken und im Kühlschrank 2 Stunden marinieren lassen.

2. Backofen auf 200 °C Ober-/Unterhitze vorheizen und ein Backblech mit Backpapier auslegen. Süßkartoffeln waschen, trocken tupfen und anschließend in Spalten schneiden. Mit dem restlichen Olivenöl (2 EL) beträufeln und mit Salz und Pfeffer würzen. Im heißen Backofen 30–35 Minuten backen.

3. Für das Tsatsiki den restlichen Knoblauch mit Joghurt in eine Schüssel geben. Landgurke waschen und grob raspeln. Gurkenraspel unter den Joghurt rühren und mit Salz und Pfeffer abschmecken.

4. Gyros in einer Pfanne 3–5 Minuten kross anbraten. Mit Süßkartoffelspalten und Tsatsiki servieren und genießen.

Das Jackfruit-Gyros lässt sich auch am Vorabend vorbereiten, dafür einfach über Nacht marinieren lassen. Dann geht die Zubereitung am nächsten Tag ganz schnell.
Für einen veganen Genuss: Statt normalem Joghurt einfach eine vegane Alternative (Sojajoghurt) verwenden.

JACKFRUIT-TIKKA-MASALA

FÜR 2 PERSONEN
ZUBEREITUNGSZEIT: 30 MINUTEN

ZUTATEN:

125 g Reis
2 Knoblauchzehen
1 rote Zwiebel
1 daumendickes Stück
   Ingwer (20 g)
1 rote Chilischote
2 EL Rapsöl
1 EL Tomatenmark
1 ½ EL Garam-Masala-
   Paste
1 TL Senfsaat
1 TL Kurkuma
1 TL Kreuzkümmel
¼ TL Kardamom
200 g Jackfruitfleisch,
   natur
200 ml Wasser
2 Chapatis
125 ml Sojajoghurt,
   ungesüßt
gehackte Petersilie

1. Reis nach Packungsanleitung garen. Knoblauch und Zwiebel schälen und fein hacken. Ingwer fein reiben. Chilischote halbieren, entkernen und fein hacken. Rapsöl in einem Topf erhitzen. Tomatenmark, Garam Masala, Senfsaat, Kurkuma, Kreuzkümmel und Kardamom hinzugeben und kurz anbraten.

2. Jackfruitfleisch hinzugeben, mit den Gewürzen vermengen und mit Wasser aufgießen. Bei niedriger Hitze 10 Minuten köcheln lassen. Dabei immer wieder umrühren, damit es nicht anbrennt.

3. In der Zwischenzeit die Chapatis in einer Pfanne kurz erwärmen und zur Seite stellen. Joghurt unter das Tikka Masala rühren. Mit gehackter Petersilie bestreuen und mit Reis und Chapatis genießen.

JACKFRUIT-TERIYAKI

VEGAN

FÜR 2 PERSONEN
ZUBEREITUNGSZEIT: 20 MINUTEN

ZUTATEN:

125 g Reis
1 rote Zwiebel
350 g Pak Choi
80 g Zuckerschoten
200 g Jackfruitfleisch,
   natur
2 EL Rapsöl
3–4 EL Teriyaki-Soße
optional: schwarzer
   Sesam

1. Reis nach Packungsanleitung in Salzwasser garen. Zwiebel schälen und fein hacken. Pak Choi waschen, trocknen und in grobe Stücke hacken. Zuckerschoten waschen, trocknen, die Enden entfernen und schräg halbieren. Jackfruitfleisch mit einer Gabel zerzupfen. Rapsöl in einem Topf erhitzen. Zwiebelwürfel darin anschwitzen. Jackfruitfleisch hinzugeben und für 3–5 Minuten bei mittlerer Hitze anbraten.

2. Teriyaki-Soße unterrühren und mit 100 ml Wasser aufgießen. Pak Choi und Zuckerschoten hinzugeben und für weitere 2 Minuten köcheln lassen. Reis abgießen, auf Tellern anrichten und mit dem Jackfruit-Teriyaki servieren. Nach Bedarf mit etwas schwarzem Sesam bestreuen und genießen.

STREETFOOD

PULLED-BBQ-JACKFRUIT-BURGER

VEGAN

FÜR 2 PERSONEN
ZUBEREITUNGSZEIT: 60 MINUTEN

ZUTATEN:

Mango-BBQ-Soße:

5 Schalotten
2 Knoblauchzehen
1 Chilischote
3 EL Rapsöl
300 g Ketchup
50 g Rohrzucker
150 ml Mangosaft
2 TL geräuchertes
   Paprikapulver
1 TL Worcestershire-
   Sauce
Salz, Pfeffer

Burger:

300 g Jackfruitfleisch,
   natur
1 rote Zwiebel
150 ml Mango-BBQ-
   Soße
1 Handvoll Salat
1 Handvoll
   Linsensprossen
2 Burgerbrötchen

1. Schalotten und Knoblauch schälen und fein würfeln. Chilischote entkernen und ebenfalls fein hacken. 2 EL Rapsöl in einem Topf erhitzen und Schalotten, Knoblauch und Chili scharf anbraten. Restliche Zutaten für die Mango-BBQ-Soße hinzugeben und für etwa 30 Minuten unter ständigem Rühren auf kleiner Flamme köcheln lassen. Nach Geschmack mit Salz und Pfeffer würzen. Von der hergestellten Soße 150 ml abnehmen und den Rest im Kühlschrank lagern.

2. Jackfruitfleisch mit einer Gabel zerzupfen. Zwiebel schälen und fein würfeln. Restliches Rapsöl (1 EL) in einem Topf erhitzen. Zwiebeln und Jackfruit 2–3 Minuten anbraten. Mango-BBQ-Soße hinzugeben und für 8–10 Minuten auf kleiner Flamme köcheln lassen.

3. Salat und Linsensprossen waschen und trocken schleudern. Burgerbrötchen halbieren, mit Jackfruit, Salat und Linsensprossen belegen und genießen.

Wenn es schnell gehen muss, einfach die Lieblings-BBQ-Soße aus dem Supermarkt für die Zubereitung verwenden.

AVOCADO-JACKFRUIT-WRAPS

VEGETARISCH

FÜR 2 PERSONEN
ZUBEREITUNGSZEIT: 25 MINUTEN

ZUTATEN:

1 reife Avocado
Saft von ½ Zitrone
1 EL Schmand
Salz, Pfeffer
1 rote Zwiebel
1 Knoblauchzehe
30 g Blattspinat
75 g Kirschtomaten
3 EL Rapsöl
200 g Jackfruitfleisch,
   natur
1 EL Ajvar
1 TL Paprikapulver
   (edelsüß)
3 Weizentortillas

1. Avocado halbieren, entkernen, schälen und mit einer Gabel zermusen. Zitronensaft und Schmand hinzugeben und mit Salz und Pfeffer abschmecken. Zwiebel und Knoblauchzehe schälen und fein hacken. Blattspinat und Kirschtomaten waschen und trocknen. Kirschtomaten zusätzlich vierteln.

2. 2 EL Rapsöl in einer Pfanne erhitzen. Zwiebel und Knoblauch darin kurz anbraten. Anschließend das Jackfruitfleisch hinzugeben und mit Ajvar, Paprikapulver, Salz und Pfeffer würzen.

3. Weizentortillas auf einer Arbeitsfläche ausbreiten. Mit Avocadomus bestreichen. Anschließend mit Jackfruit, Blattspinat und Kirschtomaten belegen. Die Seiten einklappen und anschließend von unten fest aufrollen.

4. Das restliche Olivenöl (1 EL) in einer Grillpfanne, erhitzen. Wraps hineinlegen und von beiden Seiten für 2–3 Minuten goldbraun anbraten. Zum Servieren die Wraps einmal diagonal durchschneiden und genießen.

Die Avocado-Jackfruit-Wraps lassen sich super am Vortag zubereiten und am nächsten Tag in der Mittagspause genießen. Eingeschlagen in Butterbrotpapier, können sie problemlos transportiert werden.
Lieber vegan? Einfach den Schmand weglassen oder durch Sojaquark ersetzen.

CHILI-CHEESE-DOGS

VEGETARISCH

FÜR 4 PERSONEN
ZUBEREITUNGSZEIT: 45 MINUTEN

ZUTATEN:

2 Frühlingszwiebeln
1 rote Zwiebel
1 Knoblauchzehe
optional: 1 rote
    Chilischote
150 g Salatgurke
2 EL Rapsöl
100 g Jackfruitfleisch,
    natur
1 EL Tomatenmark
200 g Bohnen in
    Tomatensoße
70 g Mais, abgetropft
    (Dose)
250 g gehackte Tomaten
    (Dose)
125 ml Gemüsebrühe
1 TL Tabasco
1 TL Kreuzkümmel
1 TL Paprikapulver
    (edelsüß)
1 TL Paprikapulver
    (rosenscharf)
1 TL Chilipulver
1 TL Oregano
Salz, Pfeffer
4 vegetarische
    Würstchen
4 Hot-Dog-Brötchen
100 g Cheddar

1. Frühlingszwiebeln waschen, trocknen und in feine Ringe schneiden. Zwiebel schälen und in feine Ringe schneiden. Knoblauch ebenfalls schälen und fein hacken. Chilischote entkernen und in feine Ringe schneiden. Salatgurke waschen und fein würfeln oder grob raspeln.

2. 1 EL Rapsöl in einer Pfanne erhitzen. Knoblauch, Jackfruitfleisch und Tomatenmark darin anbraten und mit einer Gabel zerzupfen. Bohnen, Mais und gehackte Tomaten hinzugeben und zum Köcheln bringen. Mit Gemüsebrühe aufgießen und mit Tabasco, Kreuzkümmel, Paprikapulver, Chilipulver und Oregano würzen. Anschließend 15 Minuten bei mittlerer Temperatur köcheln lassen. Nach Bedarf mit Salz und Pfeffer abschmecken.

3. In der Zwischenzeit das restliche Rapsöl (1 EL) in einer Pfanne erhitzen und die Würstchen darin knusprig anbraten. Würstchen aus der Pfanne nehmen und auf einem Küchenkrepp abtropfen lassen. Nun die Zwiebelringe in die Pfanne geben und in dem verbleibenden Öl knusprig anbraten.

4. Zum Anrichten die Hot-Dog-Brötchen aufschneiden. Würstchen hineinlegen und mit Chili garnieren. Anschließend Cheddar, Frühlingszwiebeln, Gurke und Chili darauf verteilen und genießen.

GEBRATENER REIS MIT JACKFRUIT UND PAK CHOI

VEGETARISCH

FÜR 2 PERSONEN
ZUBEREITUNGSZEIT: 25 MINUTEN

ZUTATEN:

125 g Reis
200 g Pak Choi
2 Frühlingszwiebeln
150 g Zucchini
125 g Karotten
80 g junge Maiskolben
1 Zwiebel
2 EL Rapsöl
2 Eier
200 g Jackfruitfleisch, natur
3 EL Sojasoße
1 EL Hoisin-Soße

1. Reis nach Packungsanleitung in Salzwasser garen. Anschließend abgießen und auskühlen lassen. Pak Choi und Frühlingszwiebeln waschen, trocknen und in feine Streifen schneiden. Zucchini, Karotten und Maiskolben ebenfalls waschen, trocknen und anschließend in feine Scheiben schneiden. Zwiebel schälen und fein würfeln.

2. 1 EL Rapsöl in einer Pfanne erhitzen, Eier aufschlagen und als Rührei darin anbraten. Aus der Pfanne nehmen und zur Seite stellen. Nun das restliche Rapsöl (1 EL) in die Pfanne geben. Zwiebeln und Reis anbraten. Das vorbereitete Gemüse und Rührei hinzugeben, alles gut durchmischen und für 3–5 Minuten auf mittlerer Temperatur anbraten.

3. Abschließend mit Soja- und Hoisin-Soße abschmecken und genießen.

Für einen veganen Reisgenuss einfach das Ei weglassen.

JACKFRUIT-SOMMERROLLEN MIT ERDNUSS-DIP

VEGETARISCH

FÜR 2 PERSONEN
ZUBEREITUNGSZEIT: 45 MINUTEN

ZUTATEN:

Füllung:

50 g Rotkohl ohne Strunk
100 g Jackfruitfleisch, natur
3 EL Sojasoße
50 g Babyspinat
150 g Salatgurke
200 g Papaya
½ Beet Kresse

Erdnuss-Dip:

2 EL Erdnussmus
6 EL Wasser
1 EL Limettensaft
1 TL Ahornsirup

Sonstiges:

4 Blatt Reispapier ø 22 cm
1 TL Sesam

1. Rotkohl in dünne Streifen schneiden. Jackfruitfleisch mit einer Gabel zerzupfen und anschließend mit Sojasoße vermengen. Babyspinat waschen und trocken schleudern. Salatgurke waschen und in Stifte schneiden. Papaya schälen, entkernen und in feine Streifen schneiden. Kresse waschen und trocknen.

2. Erdnussmus, Wasser, Limettensaft und Ahornsirup in einer Schüssel cremig rühren. Reispapier nacheinander auf einem großen Teller mit lauwarmem Wasser quellen lassen. Jeweils ein Blatt Reispapier auf eine angefeuchtete Arbeitsplatte legen. Rotkraut, Jackfruitfleisch, Babyspinat, Papaya und Kresse auf das untere Drittel des Reisblatts legen.

3. Seitenränder über die Füllung klappen und mit leichtem Druck aufrollen. Sommerrollen mit Sesam bestreuen und mit einem scharfen Messer quer durchschneiden. Jackfruit-Sommerrollen auf einem Teller anrichten und mit dem Erdnuss-Dip servieren.

LAUWARMER ZUCCHINI-KIWI-SALAT

FÜR 2 PERSONEN
ZUBEREITUNGSZEIT: 15 MINUTEN

ZUTATEN:

300 g Zucchini
1 kleine rote Zwiebel
6 Radieschen
1 Kiwi, gold
1 EL weißer Balsamico-
Essig
1 TL körniger Senf
1 TL Ahornsirup
1 EL Olivenöl
100 g Jackfruitfleisch,
natur
Salz, Pfeffer
¼ Beet Kresse

1. Zucchini waschen, trocknen und mit einem Spiral-schneider oder einem Sparschäler in dünne Spaghetti schneiden. Zwiebel schälen und fein hacken. Radieschen waschen, trocknen und in dünne Scheiben schneiden.

2. Kiwi schälen und halbieren. Eine Hälfte zusätzlich vier-teln und anschließend in dünne Scheiben schneiden. Die andere Hälfte zusammen mit weißem Balsamico, körnigem Senf und Ahornsirup fein pürieren.

3. Olivenöl in einer Pfanne erhitzen. Jackfruitfleisch und Zwiebelwürfel 3–5 Minuten anbraten. Zucchinispaghet-ti hinzugeben und kurz mit anbraten. Nach Belieben mit Salz und Pfeffer abschmecken. Zucchinispaghetti anschließend mit den Radieschen- und Kiwischeiben in eine große Schüssel geben und mit dem Kiwidressing vermengen. Abschließend mit Kresse bestreuen und sofort genießen.

Dieser lauwarme Salatgenuss ist gerade im Sommer eine leichte Abwechslung und schnell zubereitet. Der Salat schmeckt auch kalt und besonders gut in der Mittagspause. Dafür den Salat einfach am Vorabend zubereiten, in ein Einmachglas geben und das Dressing in ein separates Gefäß füllen. Erst kurz vor dem Verzehr mit dem Dressing beträufeln.

KÜRBIS-NAAN-PIZZA

VEGETARISCH

....

FÜR 2 PERSONEN
ZUBEREITUNGSZEIT: 20 MINUTEN • BACKZEIT: 12 MINUTEN

....

ZUTATEN:

150 g Hokkaido-Kürbis
1 rote Zwiebel
100 g Kichererbsen
(Dose oder Glas)
125 g Fetakäse
1 EL Olivenöl
200 g Jackfruitfleisch,
natur
2 TL Garam Masala
½ TL Kreuzkümmel
2 TL Sriracha
180 g Dinkelmehl
(Type 630)
2 TL Backpulver
¼ TL Salz
150 g Joghurt
5 EL Frischkäse
2 Stiele gehackte
Petersilie oder
Koriander

1. Backofen auf 220 °C Ober-/Unterhitze vorheizen und ein Backblech mit Backpapier auslegen. Hokkaido mit einem Gemüsehobel in feine Streifen hobeln. Zwiebel schälen, halbieren und in feine Streifen schneiden. Kichererbsen abtropfen und zur Seite stellen. Fetakäse mit den Fingern zerkrümeln.

2. Olivenöl in einer Pfanne erhitzen. Zwiebeln, Hokkaido, Kichererbsen und Jackfruit hinzugeben und für 2–3 Minuten andünsten. Mit Garam Masala, Kreuzkümmel und Sriracha würzen.

3. Dinkelmehl, Backpulver und Salz miteinander vermischen. Joghurt hinzugeben und zu einem geschmeidigen Teig verkneten. Den Teig auf einer bemehlten Arbeitsfläche halbieren und zu jeweils einem Fladen ausrollen. Teigfladen mit Frischkäse bestreichen und mit dem Kürbisgemüse belegen. Fetakäse darüber streuen und im heißen Backofen 12 Minuten goldbraun backen.

4. Nach dem Backen mit gehackter Petersilie oder Koriander bestreuen und sofort genießen.

Das Rezept für meine Naan-Pizza ist eine perfekte Resteverwertung. Egal was man so im Kühlschrank findet, es eignet sich ganz wunderbar für diesen Snack.

JACKFRUIT-AVOCADO-BAGEL MIT HONIG-SENF-DIP

VEGETARISCH

FÜR 4 BAGEL
ZUBEREITUNGSZEIT: 35 MINUTEN

ZUTATEN:

Bratlinge:

200 g Jackfruitfleisch,
  natur
1 rote Zwiebel
150 g Kichererbsen,
  abgetropft (Glas, Dose)
2 EL Semmelbrösel
1 TL Paprikapulver
  (edelsüß)
1 TL Paprikapulver
  (rosenscharf)
Salz, Pfeffer
2 EL Rapsöl

Honig-Senf-Dip:

80 g Mayonnaise
2 TL Honig
2 TL körniger Senf
2 Spritzer Limettensaft

Sonstiges:

1 reife Avocado
Limettensaft zum
  Beträufeln
2 Tomaten
1 rote Zwiebel
4 Blätter Romanasalat
4 Bagel

1. Jackfruitfleisch mit einer Gabel zerzupfen. Zwiebel schälen, halbieren und fein würfeln. Jackfruitfleisch, Zwiebelwürfel und Kichererbsen mit einem Pürierstab oder einem Mixer pürieren. Semmelbrösel unterkneten und mit Paprikapulver, Salz und Pfeffer abschmecken. Mit angefeuchteten Händen 4 gleich große Bratlinge formen und zur Seite stellen.

2. In der Zwischenzeit Mayonnaise, Honig, körnigen Senf und Limettensaft cremig rühren. Im Kühlschrank kalt stellen. Avocado halbieren, entkernen und das Fruchtfleisch in Scheiben schneiden. Mit Limettensaft beträufeln, damit es nicht braun anläuft. Tomaten waschen, trocknen und ebenfalls in Scheiben schneiden. Rote Zwiebel schälen und in dünne Ringe schneiden. Salat waschen, trocken schleudern und in mundgerechte Stücke zupfen.

3. Rapsöl in einer Pfanne erhitzen. Jackfruitbratlinge von beiden Seiten auf mittlerer Temperatur 8–10 Minuten anbraten. Auf einem Küchentuch abtropfen lassen. Bagel toasten, anschließend mit Honig-Senf-Dip bestreichen und mit Salat belegen. Nun den Jackfruitbratling darauflegen, mit Zwiebelringen, Avocado und Tomatenscheiben dekorieren. Abschließend den Deckel über den Bratling legen und sofort genießen.

AVOCADO-JACKFRUIT-SALAT

VEGETARISCH

FÜR 1 PERSON
ZUBEREITUNGSZEIT: 15 MINUTEN

ZUTATEN:

1 Frühlingszwiebel
4 Kirschtomaten
100 g Jackfruitfleisch, natur
2 EL grünes Pesto
Bunter Pfeffer
Salz
1 Avocado
Limettensaft zum Beträufeln
1 EL Kresse

1. Frühlingszwiebel waschen, trocknen und in feine Ringe schneiden. Kirschtomaten waschen und vierteln.

2. Jackfruitfleisch mit einer Gabel grob zerzupfen und mit Pesto vermengen. Frühlingszwiebeln unterheben und mit buntem Pfeffer und Salz abschmecken.

3. Avocado halbieren, entkernen und das Fruchtfleisch anschließend in dünne Scheiben schneiden. Avocadoscheiben fächerförmig auf einem Teller anrichten und mit Limettensaft beträufeln, damit sie nicht braun anlaufen.

4. Jackfruitfleisch in der Mitte der Avocados anrichten, mit Kirschtomaten belegen und mit Kresse bestreut genießen.

KLASSIKER NEU INTERPRETIERT

BUNTER COUSCOUS-GURKEN-SALAT

VEGETARISCH

FÜR 4 PERSONEN
ZUBEREITUNGSZEIT: 25 MINUTEN

ZUTATEN:

100 g Kirschtomaten
125 g Salatgurke
60 g Schafskäse
¼ Bund Petersilie
3 Frühlingszwiebeln
1 Knoblauchzehe
125 g Couscous, instant
4 EL Olivenöl
100 g Jackfruitfleisch, natur
2 EL Ajvar, scharf
Saft von ½ Zitrone
Salz, Pfeffer

1. Kirschtomaten und Salatgurke waschen und trocknen. Tomaten vierteln und Salatgurke in feine Scheiben hobeln. Schafskäse mit den Händen zerbröseln. Petersilie und Frühlingszwiebeln waschen, trocknen und fein hacken. Knoblauchzehe schälen und ebenfalls fein hacken.

2. Couscous nach Packungsanleitung zubereiten. Mit einer Gabel auflockern und zur Seite stellen.

3. 1 EL Olivenöl in einer Pfanne erhitzen. Knoblauch darin anbraten. Jackfruit hinzugeben und für 2–3 Minuten braten. Restliches Olivenöl (3 EL), Ajvar und Zitronensaft unter den Couscous rühren. Anschließend Kirschtomaten, Salatgurke, Schafskäse, Frühlingszwiebeln, gehackte Petersilie und Jackfruit unterheben. Nach Belieben mit Salz und Pfeffer abschmecken und genießen.

Keine Idee für die nächste Grillparty? Der bunte Couscous-Gurken-Salat schmeckt auch eingeschworenen Fleischfans.

KARTOFFEL-GURKEN-SALAT

VEGETARISCH

FÜR 2 PERSONEN
ZUBEREITUNGSZEIT: 35 MINUTEN

ZUTATEN:

250 g Kartoffeln
2 Eier
150 g Salatgurke
2 Frühlingszwiebeln
¼ Bund Dill
8 Radieschen
6 Kirschtomaten
100 g Jackfruitfleisch,
   natur
100 g griechischer
   Joghurt
1 EL Crème fraîche (25 g)
1 TL Senf
2–3 EL Milch
Salz, Pfeffer

1. Kartoffeln mit Schale in Salzwasser garen. Eier hinzugeben und hart kochen. Anschließend die Eier abschrecken, schälen und vierteln. Kartoffeln auskühlen lassen, ebenfalls schälen und in Scheiben schneiden. Salatgurke waschen, trocknen und mit einem Gemüsehobel in dünne Scheiben hobeln. Frühlingszwiebeln und Dill waschen, trocknen und fein hacken.

2. Radieschen und Kirschtomaten waschen, trocknen und vierteln. Jackfruitfleisch mit einer Gabel zerzupfen. In einer Schüssel griechischen Joghurt, Crème fraîche, Senf, Dill und Milch cremig rühren. Mit Salz und Pfeffer abschmecken.

3. Kartoffeln, Eier, Salatgurke, Frühlingszwiebeln, Radieschen, Kirschtomaten und Jackfruitfleisch in eine große Schüssel geben, mit dem Joghurt-Dressing vorsichtig vermengen und genießen.

Gerade für heiße Sommertage ist dieser Salat ein absoluter Gaumenschmaus.

ZUCCHINI-JACKFRUIT-SPIESSE MIT KRAUTSALAT

VEGETARISCH

FÜR 4 PERSONEN
ZUBEREITUNGSZEIT: 60 MINUTEN • ZEIT ZUM MARINIEREN: 30 MINUTEN

ZUTATEN:

Krautsalat:

500 g Weißkohl
2 Karotten (230 g)
1 Apfel (160 g)
50 g Walnüsse
125 g Mayonnaise
75 ml Buttermilch
2 EL Weißweinessig
1 TL Salz
Pfeffer

Zucchini-Jackfruit-Spieße:

1 Knoblauchzehe
100 g Mango-BBQ-Soße
  (siehe Rezept Seite 38)
2 TL Sriracha-Soße
280 g grünes, junges
  Jackfruitfleisch (Dose)
1 gelbe Paprikaschote
150 g Zucchini
2 rote Zwiebeln
2 EL Rapsöl

1. Weißkohl waschen, trocknen, entstrunken und mit einem Gemüsehobel in feine Streifen hobeln. Karotten schälen und grob raspeln. Apfel waschen, trocknen, entkernen und fein würfeln. Walnüsse grob hacken und zusammen mit den vorbereiteten Zutaten in eine große Schüssel geben.

2. Mayonnaise, Buttermilch, Weißweinessig und Salz miteinander verrühren. Buttermilch-Mischung zum Weißkohl geben und gut miteinander vermischen. Je nach Geschmack mit Pfeffer abschmecken und im Kühlschrank kalt stellen.

3. Knoblauch schälen und fein hacken. BBQ- und Sriracha-Soße miteinander verrühren und mit dem Knoblauch vermengen. Jackfruitfleisch in mundgerechte Stücke schneiden und vorsichtig in der BBQ-Mischung wenden. Für 30 Minuten im Kühlschrank marinieren.

4. In der Zwischenzeit Paprika waschen, trocknen, entkernen und in grobe Würfel schneiden. Zucchini waschen, trocknen, halbieren und in Scheiben schneiden. Zwiebel schälen, halbieren und in grobe Stücke schneiden. Auf 8 Schaschlikspieße abwechselnd Jackfruitfleisch, Paprika, Zucchini und Zwiebeln spießen.

5. Rapsöl in einer Pfanne erhitzen und die Schaschlikspieße von allen Seiten 5–8 Minuten knusprig anbraten. Mit Krautsalat servieren und genießen.

Statt der selbst gemachten BBQ-Soße kannst du natürlich auch deine Lieblingssoße aus dem Supermarkt zum Marinieren verwenden.

Am besten schmeckt das eingelegte Gemüse am nächsten
Tag, es hält sich aber bis zu
1 Woche im Kühlschrank!

SÜSS-SAUER EINGELEGTES JACKFRUITGEMÜSE

VEGAN

FÜR 2–3 GLÄSER Á 500 ML
ZUBEREITUNGSZEIT: 60 MINUTEN

ZUTATEN:

- 1 kleiner lila Blumen-kohl (500 g)
- 1 rote Zwiebel
- 275 g Landgurke
- 20 g Ingwer (daumen-dickes Stück)
- 1 rote Chilischote
- 4 Stängel Dill
- 280 g junges, grünes Jackfruitfleisch, abgetropft (Dose)
- 500 ml Wasser
- 250 ml Weißweinessig
- 3 EL Rohrzucker
- 1 TL Salz
- 1 EL Senfkörner
- 10 Pfefferkörner

1. Vorbereitung: Wasser in einem großen Topf zum Kochen bringen. Topf vom Herd nehmen und die Einmachgläser und Deckel darin eintauchen. Anschließend aus dem Wasser nehmen und auf einem sauberen Küchentuch trocknen lassen.

2. Blumenkohl waschen und in kleine Röschen schneiden. Zwiebel schälen und in dünne Ringe schneiden. Land-gurke waschen, trocken reiben und mit einem Gemüse-hobel in dünne Scheiben hobeln. Ingwer fein hacken. Chilischote halbieren, entkernen und ebenfalls in dün-ne Scheiben schneiden. Dill waschen, trocken schleu-dern und einzelne Stängel abzupfen. Jackfruitfleisch mit einem Küchentuch trocken reiben und anschlie-ßend in mundgerechte Stücke schneiden.

3. In einem Topf Wasser, Weißweinessig, Rohrzucker und Salz zum Kochen bringen. So lange köcheln lassen, bis sich der Rohrzucker vollständig aufgelöst hat.

4. In der Zwischenzeit Salzwasser in einem Topf zum Ko-chen bringen. Jackfruit und Blumenkohl 2 Minuten blan-chieren. Anschließend mit einer Schöpfkelle aus dem Wasser fischen und in Eiswasser legen. Das Gemüse auf einem Küchentuch abtropfen lassen und zusam-men mit den Zwiebelringen, Landgurke, Ingwer, Senf- und Pfefferkörnern in die sterilisierten Gläser füllen. Die Pfefferkörner vorher mit einem Messerrücken leicht andrücken, damit sie ihr gesamtes Aroma entfal-ten können. Anschließend mit dem Sud aufgießen und die Gläser fest verschließen.

5. Die Gläser vollständig auskühlen lassen, erst dann im Kühlschrank lagern.

SCHNELLE ASIA-SUPPE

FÜR 1 PERSON
ZUBEREITUNGSZEIT: 10 MINUTEN

ZUTATEN:
- 50 g Thai-Spargel
- 1 kleiner Pak Choi (60 g)
- 50 g Champignons
- 1 Asia-Instantnudel-suppe, vegan (55 g)
- 50 g Jackfruitfleisch, natur
- optional: 1 Kaffir-limettenblatt (getrocknet)
- 350 ml kochend heißes Wasser
- 1–2 EL Sojasoße nach Geschmack

1. Thai-Spargel und Pak Choi waschen, trocknen und in mundgerechte Stücke schneiden. Champignons putzen und vierteln. Mie-Nudeln der Instantsuppe grob zerbrechen und auf den Boden eines großen Einweckglases (400–500 ml) geben. Vorbereitetes Gemüse, Jackfruit-fleisch und das Limettenblatt hinzugeben.

2. Kurz vor dem Servieren die Gewürze der Instantsuppe dazugeben, mit heißem Wasser aus dem Wasserkocher aufgießen und bei geschlossenem Deckel 3–5 Minuten ziehen lassen.

3. Nach Geschmack mit Sojasoße würzen. Vor dem Verzehr das Limettenblatt entfernen und genießen.

Je nach Geschmacksrichtung der Instant-Nudelsuppe kann dieses Mittagsgericht vegan sein, deshalb unbedingt die Zutatenliste auf der Rückseite prüfen. Meine Asia-Suppe ist eine schnelle und leckere Mittagssuppe für jede noch so kurze Mittagspause. Die trockenen Zutaten für die Suppe am Vortag in ein Einmachglas füllen, verschließen und in der Mittags-pause ganz einfach mit heißem Wasser aufgießen und die Kollegen neidisch machen.

MEDITERRANE THUNVISCHCREME

VEGETARISCH

FÜR 2–3 PORTIONEN
ZUBEREITUNGSZEIT: 20 MINUTEN

ZUTATEN:

Mediterrane Thunvisch-creme:

1 Knoblauchzehe
2 Frühlingszwiebeln
100 g Jackfruitfleisch, natur
150 g Kräuterfrischkäse
2 TL Olivenöl
Salz, Pfeffer

Mediterranes Baguette:

1 Baguettebrötchen
50 g Thai-Spargel
2 Kirschtomaten
10 g Porreesprossen
1 EL Thunvischcreme

1. Für die Thunvischcreme den Knoblauch fein hacken. Frühlingszwiebeln waschen, trocknen und fein hacken. Jackfruitfleisch in eine kleine Schale geben und mit der Gabel zerzupfen. Knoblauch, Frühlingszwiebeln, Kräuterfrischkäse und 1 TL Olivenöl hinzugeben und zu einer cremigen Masse verrühren. Mit Salz und Pfeffer abschmecken und im Kühlschrank kalt stellen.

2. Baguettebrötchen längs aufschneiden. Thai-Spargel, Kirschtomaten und Porreesprossen waschen und trocknen. Kirschtomaten vierteln. Restliches Olivenöl in einer Pfanne erhitzen und den Thai-Spargel auf mittlerer Temperatur für 2–3 Minuten anbraten.

3. Baguettebrötchen mit der Thunvischcreme bestreichen. Mit Thai-Spargel, Kirschtomaten und Porreesprossen belegen. Nach Belieben mit Salz und Pfeffer würzen und anschließend genießen.

Die mediterrane Thunvischcreme hält sich im Kühlschrank bis zu 3 Tage.

MANGOLDROULADEN

VEGETARISCH

FÜR 2 PERSONEN
ZUBEREITUNGSZEIT: 45 MINUTEN • BACKZEIT: 30 MINUTEN

ZUTATEN:

Mangoldrouladen:

1 rote Zwiebel
1 Knoblauchzehe
1 Brötchen (altbacken)
200 g Jackfruitfleisch,
 natur
1 Ei
1 TL mittelscharfer Senf
Salz, Pfeffer
6 große Mangoldblätter
300 ml Gemüsebrühe

Tomatensoße:

1 Zweig Buschbasilikum
1 EL Rapsöl
400 g stückige Tomaten
 (Dose)
1 Prise Zucker
2 TL gehackte Kräuter
 (Thymian, Oregano)
50 ml Schlagsahne

1. Zwiebel und Knoblauch schälen und fein hacken. Brötchen in lauwarmem Wasser einweichen, ausdrücken und in eine Schüssel geben. Jackfruitfleisch mit einer Gabel zerzupfen und zusammen mit der Hälfte der Zwiebelwürfel, Knoblauch, Ei und Senf zum Brötchen in die Schüssel geben und alles zu einer geschmeidigen Masse verkneten. Kräftig mit Salz und Pfeffer abschmecken und zur Seite stellen.

2. Mangoldblätter entstrunken und anschließend in kochendem Salzwasser 2 Minuten blanchieren. In Eiswasser abschrecken und auf einem Küchentuch abtropfen lassen. Gemüsebrühe in eine Auflaufform füllen und den Backofen auf 200 °C Ober-/Unterhitze vorheizen. Die Mangoldblätter auf einem Küchenbrett ausbreiten und mit jeweils 1 gehäuften Esslöffel Jackfruit-Füllung belegen. Mangoldblätter an den Seiten einschlagen und anschließend fest zusammenrollen.

3. Rouladen in die Auflaufform legen und im vorgeheizten Backofen 25–30 Minuten garen. Zwischendurch mit der Gemüsebrühe beträufeln, damit sie nicht austrocknen.

4. Für die Tomatensoße Buschbasilikum waschen, trocknen und fein hacken. Rapsöl in einer Pfanne erhitzen und die restlichen Zwiebelwürfel kurz andünsten. Stückige Tomaten, Zucker, gehackte Kräuter und Buschbasilikum hinzugeben und bei mittlerer Temperatur 6–8 Minuten einköcheln lassen. Schlagsahne unterrühren und mit Salz und Pfeffer abschmecken.

5. Mangoldrouladen auf Tellern anrichten, mit Tomatensoße garnieren und genießen.

KÜRBIS-DINKELTOPF MIT JACKFRUIT

FÜR 4 PERSONEN
ZUBEREITUNGSZEIT: 45 MINUTEN

ZUTATEN:

300 g Hokkaido-Kürbis
1 rote Zwiebel
200 g Kartoffeln
1 Stange Lauch
2 EL Rapsöl
200 g Jackfruitfleisch, natur
3 EL Tomatenmark
3 TL Paprikapulver (edelsüß)
1 TL Paprikapulver (rosenscharf)
150 g Zartdinkel (vorgegart)
1,2 l Gemüsebrühe
4 Stängel Petersilie
Salz, Pfeffer

1. Hokkaido waschen, entkernen und klein würfeln. Zwiebel und Kartoffeln schälen. Zwiebel anschließend fein hacken und die Kartoffeln würfeln. Lauch putzen und anschließend in feine Ringe schneiden.

2. Rapsöl in einem Topf erhitzen. Zwiebelwürfel, Lauch und Jackfruit dazugeben und kurz anbraten. Tomatenmark und Paprikapulver hinzugeben und für 1 Minute anbraten. Hokkaido, Kartoffelwürfel und Zartdinkel einfüllen und mit Gemüsebrühe aufgießen. Kurz aufkochen lassen und anschließend bei schwacher Hitze 20–25 Minuten gar köcheln.

3. In der Zwischenzeit die Petersilie waschen, trocken schleudern und fein hacken. Den Dinkeleintopf kurz vor dem Servieren mit Salz und Pfeffer abschmecken und mit gehackter Petersilie bestreuen.

Wer möchte kann den Kürbis-Dinkeleintopf mit jeweils 1 EL Sojajoghurt pro Person servieren und genießen.

JACKFRUIT-GULASCH

VEGAN

FÜR 2 PERSONEN
ZUBEREITUNGSZEIT: 45 MINUTEN

ZUTATEN:

- 2 Zwiebeln
- 1 rote Spitzpaprika (100 g)
- 2 EL Olivenöl
- 200 g Jackfruitfleisch, natur
- 2 EL Tomatenmark
- 2 TL edelsüßes Paprikapulver
- 1 TL rosenscharfes Paprikapulver
- 500 ml Gemüsebrühe
- Salz, Pfeffer
- 150 g Nudeln
- 2 Frühlingszwiebeln
- 4 Kirschtomaten

1. Zwiebeln schälen und in feine Ringe schneiden. Spitzpaprika waschen, entkernen und ebenfalls in Ringe schneiden. Olivenöl in einem Topf erhitzen und die Zwiebelringe darin für 5 Minuten anbraten. Zwiebeln aus dem Topf nehmen und auf einem Teller platzieren. Jackfruit in den Topf geben und zusammen mit Tomatenmark und Paprikapulver für 2–3 Minuten anrösten.

2. Mit Gemüsebrühe aufgießen und kurz aufkochen lassen. Das Gulasch anschließend für 20–25 Minuten auf kleiner Flamme und unter gelegentlichem Rühren köcheln lassen. Je nach Geschmack mit Salz und Pfeffer abschmecken.

3. In der Zwischenzeit Salzwasser in einem Topf zum Kochen bringen und Nudeln nach Packungsanleitung gar kochen. Frühlingszwiebeln und Tomaten waschen und trocknen. Die Tomaten vierteln und die Frühlingszwiebel in feine Ringe schneiden.

4. Nudeln abgießen und mit dem Jackfruit-Gulasch anrichten. Mit den geviertelten Kirschtomaten und Frühlingszwiebeln dekorieren und genießen.

Keine Zeit für selbst gemachte
Brezelknödel? Kein Problem.
Jackfruit-Geschnetzeltes
schmeckt auch ganz hervorragend zu Nudeln oder Reis.

JACKFRUIT-GESCHNETZELTES MIT BREZELKNÖDELN

VEGETARISCH

FÜR 2 PERSONEN
ZUBEREITUNGSZEIT: 50 MINUTEN

ZUTATEN:

Brezelknödel:

200 g altbackene
    Brezeln (vom Vortag)
1 Zwiebel
½ Bund Schnittlauch
1 EL Butter
180 ml Milch
1 Ei (Größe M)

Geschnetzeltes:

1 Zwiebel
150 g Champignons
200 g Jackfruitfleisch,
    natur
2 EL Rapsöl
200 ml Gemüsebrühe
200 ml Schlagsahne
1 EL Mehl
Salz, Pfeffer
gehackte Petersilie

1. Brezeln fein scheiden und in eine Schüssel geben. Zwiebel schälen, halbieren und fein würfeln. Schnittlauch waschen, trocken schleudern und fein hacken. Butter in einer Pfanne erhitzen und die Zwiebelwürfel darin glasig andünsten. Milch hinzugeben und kurz erwärmen.

2. Schnittlauch und Zwiebelmilch über die Brezeln gießen und 10 Minuten ziehen lassen. Nun das Ei hinzugeben und alles zu einem Teig verkneten. Mit angefeuchteten Händen 4 Knödel formen.

3. Salzwasser in einem großen Topf zum Kochen bringen, dann die Hitze reduzieren. Knödel hineingleiten lassen und bei niedriger Temperatur 20 Minuten gar ziehen lassen. Mit einer Schöpfkelle die Knödel aus dem Wasser heben und warm stellen.

4. Zwiebel schälen, halbieren und fein hacken. Champignons putzen und in feine Scheiben schneiden. Jackfruitfleisch mit einer Gabel zerzupfen. Rapsöl in einer Pfanne erhitzen. Zwiebelwürfel darin glasig andünsten. Jackfruitfleisch und Champignons hinzugeben und für 3 Minuten anbraten. Mit Gemüsebrühe und Schlagsahne aufgießen. Mehl darüber sieben und leicht einköcheln lassen. Nach Geschmack mit Salz und Pfeffer abschmecken.

5. Brezelknödel auf einem Teller mit dem Geschnetzelten anrichten, mit gehackter Petersilie bestreuen und genießen.

GEFÜLLTE ZUCCHINI MIT COUSCOUS

VEGETARISCH

FÜR 2 PERSONEN
ZUBEREITUNGSZEIT: 25 MINUTEN • BACKZEIT: 25 MINUTEN

ZUTATEN:

3 EL Olivenöl

2 Zucchini (500 g)

1 rote Zwiebel

100 g Jackfruitfleisch, natur

200 g Tomaten

50 g Babyspinat

50 g Crème fraîche

Salz, Pfeffer

50 g geriebener Cheddar

100 ml Gemüsebrühe

50 g Couscous

1. Backofen auf 200 °C Ober-/Unterhitze vorheizen und eine Auflaufform mit etwas Olivenöl ausstreichen. Zucchini waschen, halbieren und das Fruchtfleisch mit einem Löffel herauslösen. Fruchtfleisch klein schneiden. Zwiebel schälen, halbieren und fein würfeln. Jackfruitfleisch mit einer Gabel zerzupfen. Tomaten und Babyspinat waschen. Tomaten halbieren und anschließend in feine Würfel schneiden. Babyspinat trocken schleudern.

2. 2 EL Olivenöl in einer Pfanne erhitzen. Zwiebelwürfel darin kurz anbraten. Anschließend Zucchinifruchtfleisch, Tomaten, Jackfruitfleisch und Babyspinat hinzugeben und für 2–3 Minuten anbraten. Crème fraîche unterrühren und mit Salz und Pfeffer abschmecken.

3. Zucchini in die Auflaufform legen, mit der Füllung belegen und abschließend mit Cheddar bestreuen. Im heißen Backofen 20–25 Minuten goldbraun backen.

4. In der Zwischenzeit Gemüsebrühe in einem kleinen Topf zum Kochen bringen. Couscous einrühren und zugedeckt 5–10 Minuten quellen lassen, bis die Flüssigkeit vollständig aufgesogen ist. Das restliche Olivenöl (1 EL) unterrühren und mit einer Gabel auflockern. Zucchini aus dem Backofen nehmen und zusammen mit dem Couscous genießen.

PIMIENTOS DE PADRÓN MIT TOMATENSOSSE

VEGAN

FÜR 2 PERSONEN
ZUBEREITUNGSZEIT: 30 MINUTEN

ZUTATEN:

1 rote Zwiebel

1 Knoblauchzehe

1 Zweig Buschbasilikum

200 g Jackfruitfleisch, natur

3 EL Rapsöl

1 EL Tomatenmark

3 TL Paprikapulver (edelsüß)

1 TL Paprikapulver (rosenscharf)

400 g gehackte Tomaten (Dose)

125 ml Gemüsebrühe

½ TL Oregano

1 TL Majoran

Salz, Pfeffer

200 g Bratpaprika (Pimientos de Padrón)

1. Zwiebel und Knoblauchzehe schälen und fein hacken. Buschbasilikum waschen, trocken schleudern, die Blättchen abzupfen und grob hacken. Jackfruitfleisch mit einer Gabel grob zerzupfen. 2 EL Rapsöl in einer Pfanne erhitzen. Zwiebeln und Knoblauch darin anbraten. Tomatenmark und Paprikapulver hinzugeben und kurz mit anbraten.

2. Nun das Jackfruitfleisch und die gehackten Tomaten hinzugeben. 3 Minuten auf mittlerer Temperatur köcheln lassen. Mit Gemüsebrühe aufgießen und mit Buschbasilikum, Oregano und Majoran würzen. Mit Salz und Pfeffer abschmecken. Tomatensoße mit einem Deckel abdecken und 10 Minuten auf kleiner Flamme köcheln lassen.

3. In der Zwischenzeit die Bratpaprika waschen, trocknen und mit einem scharfen Messer einstechen. Das restliche Rapsöl (1 EL) in einer weiteren Pfanne erhitzen. Bratpaprika hinzugeben und bei mittlerer Temperatur 6–8 Minuten braten, bis sie gar sind.

4. Pimientos de Padrón auf einem Teller anrichten, mit der Tomatensoße servieren und genießen.

Auch als **E-Book** erhältlich

80 Seiten
9,99 € (D) | 10,30 € (A)
ISBN 978-3-7423-0465-0

Sabrina Sue Daniels

Kochen mit Quorn™

35 eiweißreiche
vegetarische Rezepte

Der proteinreiche Fleischersatz Quorn™ ist sehr ballaststoffreich und gleichzeitig fett- und cholesterinarm. Damit ist er perfekt für die vegetarische, gesunde und bewusste Ernährung geeignet. Es gibt verschiedene Produkte wie Hack, Filet und Bratwürste. Wie Sie Quorn™ in leckeren Rezepten verarbeiten können, zeigt Ihnen dieses Buch. Ob Salat, Bowl, Backofengericht oder Street Food Kitchen: Die leckeren Gerichte machen Lust zum Nachkochen. Ob Pad-Thai-Salat mit Quorn™-Filet, ein Burger mit Walnuss-Quorn™-Bratling oder Zucchinispaghetti à la Quorlognese – das macht Appetit!
Unabhängig recherchiert, nicht vom Hersteller beeinflusst.